JUSTIFICATION
D'UN PRÊTRE MAL JUGÉ

1876

Pau, Imprimerie Tonnet.

JUSTIFICATION
D'UN PRÊTRE MAL JUGÉ.

<pre>
                        Curam habe de bono nomine
                        Prenez soin de votre bonne renommée
                        (Ecclésiastique XLI,15).
</pre>

Rien ne doit être plus cher, au cœur d'un prêtre, que son honneur sacerdotal. Un prêtre déconsidéré est un homme rendu incapable de faire l'œuvre de Dieu, quelques qualités qu'il ait d'ailleurs reçues du ciel, pour bien faire. La Providence a voulu que je passasse par des épreuves propres à me déprécier et à m'avilir, non seulement à Lucq où je réside et dans les environs, mais encore aux yeux du clergé de tout le diocèse. J'ai un droit incontestable de faire tomber les préventions et les jugements défavorables, que mes malheurs ont attiré contre moi. Sans doute, je me suis félicité, plusieurs fois, de passer par le crible de la tribulation et de l'épreuve. Sans doute, j'ai souvent béni Dieu qui m'avait ménagé de belles occasions, pour être humilié, méprisé des hommes et pour acquérir ainsi une précieuse ressemblance avec Notre-Seigneur Jésus-Christ, traité si ignominieusement, pendant sa Passion douloureuse. Cependant, le désir de n'être pas un ouvrier inutile, dans la vigne du Seigneur, m'a poussé, avec énergie, à me relever de la flétissure, que les sévérités de mes supérieurs et d'autres causes diverses m'ont infligée.

D'ailleurs, je veux me livrer à la carrière de la prédication et les succès que j'ai obtenus, jusqu'à présent, dans les villes où j'ai prêché des stations de carême, me disent que je suis fait pour réussir dans ce genre de ministère. Or, un prédicateur, pour faire le bien, doit être un homme d'une honorabilité incontestable.

J'ai eu la pensée, depuis longtemps, de faire imprimer un mémoire où je m'efforcerais de faire bien comprendre, à tout le monde, qui je suis et de faire changer, s'il est possible, les dispositions des esprits à mon égard. Ayant senti de tout temps, battre dans ma poitrine, un cœur tout-à-fait sacerdotal, ayant eu constamment le désir très-sincère de faire honneur, au clergé et à l'Église de Dieu, par la dignité de ma conduite, l'élévation de mes sentiments et la fermeté de mon âme dans le bien, la conscience me dit, avec force, que je ne dois pas permettre que, ni mes confrères, ni les populations, au milieu desquelles je vis, me regardent comme un prêtre fort peu honorable. Le bien de la religion et l'honneur du sacerdoce demandent, d'ailleurs, qu'un prêtre ne soit pas mal jugé, par ceux qui l'entourent.

J'ai voulu que personne n'eut à se plaindre de mon mémoire. C'est une œuvre de réconciliation et non d'irritation, ou de rancune que j'ai entendu faire. Ma seule ambition, en confiant mes pensées à la presse, est de conserver, ou de reconquérir, auprès de tous ceux qui me liront, l'estime et la confiance que je crois mériter.

Il y a déjà plusieurs mois, j'ai reçu, de Monseigneur l'Evêque de Bayonne, la défense de dire la sainte messe à Lucq, avec la faculté de le dire partout ailleurs, parce que j'avais fait une imprudence, pour me justifier contre certaines calomnies, qui attaquaient mon honneur sacerdotal. La justification fut bien réelle; et les six hommes, qui en furent les témoins, ont affirmé, par serment, dans une enquête, qu'ils furent pleinement convaincus, séance tenante, de mon innocence et de ma vertu. Cependant, comme des paroles fâcheuses furent dites contre moi, la malignité de certaines langues voulut s'en emparer, pour répandre des suppositions défavorables à mes mœurs.

Je pris mes mesures, dès le commencement, pour que le peuple de Lucq ne songeât pas à me croire coupable dans ma conduite. J'allai trouver Monseigneur, après avoir reçu la défense de célébrer à Lucq; et quoiqu'on lui eût dit tout ce qui pouvait être contre moi, Sa Grandeur ne put me reprocher aucune faute grave. Le peuple de Lucq a su cela. Car, j'ai envoyé, trois fois publiquement, une lettre à mon Evêque, une fois devant tout le peuple de Lucq et, les deux autres fois, devant seize et vingt-huit hommes. Dans cette lettre je déclarais, à Monseigneur, que j'avais affirmé, par serment, à ceux qui m'entendaient, que Sa Grandeur n'avait pu me reprocher une seule faute grave; et je lui demandais que, dans le cas où mes affirmations seraient fausses, Elle me chatiât comme un parjure, comme le plus misérable des prêtres. Le peuple de Lucq, qui a eu connaissance de ces trois lettres, envoyées de la sorte, sous les yeux des assistants, à Monseigneur, a compris, sans difficulté, que puisque mon Evêque n'avait pas pu me trouver coupable, quoiqu'on l'eût informé de tout, personne n'avait le droit de jeter des soupçons sur ma conduite.

Cela ne ma pas empêché de prendre d'autres moyens, pour que la population de Lucq n'eût aucun doute, sur la fermeté de ma vertu, et pour enlever ainsi, à mes supérieurs, tout motif de persister dans leur refus, de me laisser célébrer dans l'Eglise de Lucq. J'ai mis tout le peuple de cette paroisse dans l'alternative de me prendre, pour le plus grand scélérat, pour un prêtre sans conscience, sans foi ni loi, ou bien pour un homme digne, en fait de conduite, d'une confiance toute particulière.

En effet, j'ai cru utile d'affirmer, pendant le temps de mes épreuves, jusqu'à douze fois par serment, à des intervalles éloignés les uns des autres, qu'il n'y a pas de prêtre, à qui la pratique de la chasteté ait pu être plus facile qu'à moi, qui n'ai pas été tenté, une seule fois, depuis l'âge de vingt ans, de me rendre coupable d'aucune bassesse, en fait de mœurs, ni par pensées, ni par désirs, ni par actions. J'ai renouvelé ce même serment, toujours avec beaucoup de solennité, quatre fois devant tout le peuple de Lucq, le dimanche, au sortir de la messe basse ; et huit fois devant 6, 8, 9, 11, 16, 18, 20, 28 hommes. Je me suis toujours appliqué à faire comprendre, que je serais le plus scélérat des hommes, si mes serments étaient faux, surtout en les faisant devant un si grand nombre de témoins et sur le ton le plus grave, le plus religieux, alors que personne ne m'obligeait à faire de pareilles réunions, ni à multiplier les preuves de mon innocence.

Le peuple de Lucq a certainement cru à ma sincérité. Car, il est religieux, animé d'une foi vive. Il croit facilement à la religion du prêtre. Il a dû croire aussi très-facilement à la religion de l'abbé Rachou. Car il le connait depuis plusieurs années et il a dû trouver, toujours en lui, un homme grave, sérieux, réservé, ami de la solitude, plein de zèle, pendant son vicariat, pour tout ce qui touchait au bien de la religion et au salut des âmes. D'ailleurs, ce peuple, profondément religieux, a compris sans peine, malgré sa simplicité, qu'un prêtre serait, réellement, le plus misérable des hommes, s'il osait assurer par serment, jusqu'à douze fois, une chose fausse, tandis que personne ne l'oblige à le faire et qu'il pourrait facilement prendre d'autres partis, s'il se sentait coupable.

Aujourd'hui je crois encore bon de renouveler le même serment. En présence du Dieu, qui doit me juger et dont je suis le ministre, la main sur la conscience et comme si je devais mourir à l'instant, je déclare, de la manière la plus sérieuse, à tous ceux qui liront mon imprimé, que je n'ai jamais éprouvé, depuis mes vingt ans, une difficulté véritable, pour garder ma vertu de chasteté. Mon Dieu, si je mentais, en faisant une affirmation si importante, devant tout un diocèse ; si j'abusais de votre nom redoutable, pour me représenter tout autre que je ne suis, je mérite les châtiments les plus terribles. Ecrasez-moi donc, sous le poids de vos inexorables justices, précipitez-moi à l'instant, comme le plus criminel des hommes, au plus profond des enfers !

On le comprend sans peine, il n'y a que la vérité et le sentiment profond de son innocence qui peuvent porter un prêtre à invoquer, si souvent et dans de telles circonstances, le nom du Dieu trois fois saint, pour rendre sa vertu manifeste.

Mes supérieurs n'ont jamais paru douté de la sincérité de mes serments. Par conséquent, à leurs yeux, je n'ai jamais été coupable de faute grave, en fait de conduite. Le peuple du bourg de Lucq, où se trouve la partie la moins religieuse de la paroisse, et qui est en position de me connaître et de me juger, a prouvé qu'il ne doutait pas de mon innocence. Trois mois après que j'avais reçu la défense de célébrer à Lucq, 137 personnes sur 249 hommes et femmes, âgés de plus de vingt ans, qui composent ce bourg, ont consenti à prêter serment, devant témoins, en faveur de ma moralité. 102 de ces témoins ont cru même pouvoir affirmer que, non seulement ils avaient toujours eu une bonne opinion de ma vertu, mais que, d'après eux, on n'avait pas ajouté foi, en général, dès le commencement, aux calomnies dont j'avais été l'objet. Les 35 autres témoins ont rendu, pour leur compte, un témoignage favorable. Mais ils ont déclaré ne pas se préoccuper assez de l'état de l'opinion publique, pour pouvoir dire avec certitude, si elle était favorable, ou non favorable à mes bonnes mœurs. Une vingtaine de personnes seulement, parmi celles qui ont été interrogées, se sont refusées à prêter serment. Un bon nombre l'ont fait, par scrupule pour cet acte religieux, fait en dehors des voies judiciaires.

On le voit donc, de si nombreux témoignages, sur une si petite population, qui compose le bourg de Lucq, prouve, d'une manière éclatante, que je jouis d'une honorabilité incontestable, en fait de mœurs, dans la commune que j'habite. On ne peut donc pas soutenir, en aucune façon, comme on a voulu le faire, que je n'étais pas assez estimé à Lucq, pour pouvoir y dire la sainte messe.

On ne peut pas dire, non plus, que je devais céder aux désirs de mes supérieurs, parce que ma présence est un embarras pour le bien de la paroisse. Un prêtre digne, comme je me sens l'être et comme je vais le prouver encore plus bas, ne peut pas être un obstacle au bien spirituel d'une paroisse. D'ailleurs je n'ai jamais cherché à me créer un parti, ni à jouer aucun rôle, à Lucq, n'y surtout à exercer aucune influence morale, au détriment de celle de M. le Curé. Personne ne peut dire, sans me calomnier, que je me sois jamais permis de critiquer les efforts de zèle de M. le Curé, ou de son vicaire, de trouver à redire à ce qu'il faisait ou à ce qu'il ne faisait pas.

J'ai toujours désiré, sincèrement, que M. le curé de Lucq jouit de toute l'estime et de toute la confiance possible, auprès de ses paroissiens, pour pouvoir leur faire un plus grand bien. Je me serais fait, de tout temps, un reproche sérieux de conscience, d'avoir enlevé, au clergé de Lucq, par l'indiscrétion de ma langue, la moindre parcelle de son autorité morale. Il me suffit, à moi, de vivre tranquille à Lucq, de pouvoir m'y livrer à ma passion pour l'étude et d'y jouir de l'honorabilité que doit ambitionner tout bon prêtre. Le dimanche, jusqu'ici, sans que personne me l'ait demandé, je me suis fait toujours un devoir de dire ma messe à des heures différentes, pour ne pas enlever une partie de la population, aux messes de la paroisse et priver ainsi, le clergé, de l'avantage de faire entendre la parole de Dieu à tous les paroissiens.

Mes supérieurs auraient voulu profiter de la défense, qu'ils m'ont faite de célébrer à Lucq, pour me déterminer à quitter cette paroisse et à m'installer dans un autre endroit. Je sais aussi que c'était le vœu ardent du Curé de Lucq et de quelques uns de ses amis, qui ont fait, pour lui et avec lui, des instances auprès de mes supérieurs, pour que je ne fusse plus autorisé à dire la sainte messe à Lucq.

M. le Curé de Lucq est un brave homme et un très-bon confrère. Au milieu de mes épreuves et malgré les motifs de plainte que j'aurais eus, quoique je me plaise à reconnaître que bien d'autres curés auraient, à la place du mien, fait beaucoup plus d'efforts que lui, pour me susciter des embarras ou pour m'empêcher de réussir, dans mon intention de faire lever la défense qui a pesé sur moi, j'ai dit souvent à plusieurs habitants de Lucq, que M. le curé, par son bon caractère, est un des prêtres avec qui il me serait le plus facile de m'entendre, une fois les épreuves terminées.

Cependant, M. Larroudé a dû craindre que ma présence dans la paroisse ne fut un obstacle au bien ! Voilà pourquoi, il a cherché sérieusement à profiter d'une occasion, qui lui a paru favorable pour me faire partir. Moi, j'ai cru avoir grand intérêt à rester à Lucq, parce que, d'un côté, je préfère la campagne à la ville; les dépenses y sont beaucoup moindres et j'y trouve beaucoup plus de facilités, pour satisfaire mes goûts d'études. D'un autre côté, je me connais à Lucq: j'y ai été vicaire pendant trois ans et j'y trouve, pour pourvoir à mon existence, des facilités particulières que je ne rencontrerais pas dans la plupart des campagnes.

Je n'ai jamais pu admettre que le bien de la religion demandât que je sortisse de Lucq. Car, personne n'a jamais pu surprendre une faute en moi, et de plus je n'ai jamais cherché, comme je l'ai dit, à porter atteinte, en aucune façon, à l'autorité morale du clergé de Lucq dans sa paroisse. Et non seulement ma conduite n'a jamais été répréhensible, mais voici même onze affirmations, que j'ai cru utile de renouveler, jusqu'à douze fois par serment, à mes supérieurs, afin qu'ils fussent, de plus en plus, dans la nécessité de me prendre, ou pour le plus misérable des hommes, ou pour un prêtre particulièrement digne de leur confiance et de leurs encouragements.

1° Je me sens prêtre jusqu'aux ongles ; 2° Je sens que je ne vis que pour Dieu, que Dieu seul et Dieu, en toutes choses, est le moteur final de tous les mouvements de mon cœur et de toutes les actions de ma vie. Cela ne veut pas dire, ni que je suis, ni que je me crois parfait. La direction générale de la vie peut être très-bonne et cependant le poids de la nature peut nous entraîner à bien des défaillances ; 3° Je sens que je ne suis nullement un homme de sensualité ; que, depuis longtemps, je ne suis esclave d'aucune satisfaction mondaine ou terrestre ; 4º Je suis toujours prêt, depuis longtemps, à faire tous les sacrifices nécessaires ou utiles, que Dieu pourrait me demander ; 5º La disposition habituelle de mon âme est de chercher, sérieusement, à connaître la volonté de Dieu sur moi, en toutes choses, et de vouloir la faire, au prix de tous les sacrifices, quelque pénibles qu'ils puissent être à la nature ; 6º Je ne tiens à rien, en ce monde, que je ne sois très-disposé à abandonner, si Dieu me faisait entendre qu'il faut lui en faire le sacrifice ;

7º Dieu a dû me faire naturellement chaste et humble. Pour la chasteté, j'ai déjà dit que je n'avais pas été tenté, une seule fois, depuis l'âge de vingt ans, de me permettre aucune bassesse, ni par pensées ni par désirs, ni par actions. Pour l'humilité, je me trouve par caractère, indifférent à l'estime et au mépris des hommes. Depuis sept ou huit ans, j'ai éprouvé bien des contrariétés, des humiliations et des revers ; et bien, je ne me souviens pas qu'il m'ait jamais fallu, plus de cinq minutes, pour me réjouir, sincèrement, dans mon cœur et remercier Dieu, de ce qu'il m'humiliait, de ce qu'il me contrariait dans mes désirs et mes espérances. J'aime à demander souvent à Dieu que, toutes choses égales d'ailleurs pour sa plus grande gloire, il me réserve, de préférence, les humiliations, les souffrances et le mépris des hommes ; 8º Je me sens l'unique passion du bien, le désir de dépenser tout mon talent, toutes mes forces, tout mon savoir-faire, pour la plus grande gloire de Dieu, le bien de l'Eglise et le salut des âmes ; 9º Je suis disposé à obéir avec une simplicité d'enfant, à tout ce que mes supérieurs auront le droit de me commander, à être l'enfant docile et le champion dévoué de la sainte Eglise, à faire abandon de toutes mes idées, de toutes mes opinions, qui seraient contraires aux enseignements de la sainte-Eglise ; 10º Je désire vivement être un prêtre irréprochable en toutes choses, être animé du meilleur esprit ecclésiastique, prendre des mesures efficaces pour que mon honorabilité, en fait de mœurs, soit à Lucq au dessus de tout soupçon, ne donner, à mes supérieurs, aucun motif de me susciter des entraves pour le bien, que je serai capable de faire, dans la carrière de prédicateur séculier ; 11º Je ne crois pas être condamnable, pour la résistance que j'ai opposée, dans mes affaires de Lucq, aux désirs de mes supérieurs ; parce que, ayant été, toute ma vie, d'une fermeté inébranlable en fait de conduite et pouvant en convaincre, facilement, toute la population de Lucq, par l'emploi solennel du serment et par d'autres moyens, je n'ai jamais cru que le bien de la religion pouvait exiger que je sortisse de cette paroisse.

Voici encore d'autres affirmations que j'ai renouvelées, trois ou quatre fois au moins, par serment, à mes supérieurs.

1° Je sens que je n'ai pas persisté, par entêtement, ni pour avoir raison contre mes supérieurs, à ne pas vouloir sortir de Lucq. J'ai toujours cru avoir le droit pour moi et j'ai pensé que je parviendrais, tôt ou tard, à le faire triompher; 2° Je me suis toujours senti disposé, à sortir de Lucq, pour faire plaisir à mes supérieurs, si Dieu m'y avait poussé, par ses inspirations intérieures. Et toujours, au contraire, j'ai été encouragé par la voix de ma conscience et par des impulsions intérieures, qui m'ont paru, souvent, bien caractérisées, à défendre mon droit courageusement, mais avec prudence et surtout avec un respect profond et invariable pour l'autorité, à attendre patiemment que le jour de la justice arrivât pour moi. Dans mes plus grands moments de ferveur, où je désirais de toute mon âme appartenir à Dieu et faire sa volonté en toutes choses, je me suis senti plus porté à la résistance, et la conscience ne m'a jamais reproché, de ne pas obéir à mes supérieurs.

Voilà des déclarations bien accentuées et bien concluantes en ma faveur. Et bien, en présence de Dieu que je prends à témoin, je déclare, devant tout le clergé du diocèse et devant tous ceux qui prendront connaissance de ces lignes, que toutes ces affirmations sont parfaitement conformes à mes convictions intimes, que je ne crois être le jouet d'aucune illusion et que l'état réel et constant de mon âme est, je crois en être sûr, dépeint dans toutes ces affirmations, tel qu'il existe dans la vérité. Mon Dieu, si je n'étais pas sincère ; si je cherchais à étaler de si beaux sentiments, quoiqu'ils ne fussent pas les miens, infligez-moi, sur l'heure, les châtiments réservés à d'infâmes imposteurs, à de misérables parjures !

Je le demande avec hardiesse, un pareil homme, à qui la conscience rend de semblables témoignages, n'est-il pas digne d'une estime et d'une confiance particulières ? Et fallait-il l'obliger à sortir d'une paroisse, comme un homme de scandale, pouvant compromettre le plus grand bien des âmes ? Non, mille fois non. Des prêtres pouvant produire de tels sentiments, sous l'autorité sacrée du témoignage divin, ne peuvent être, pour un peuple, qu'un objet d'édification, un stimulant pour le bien, jamais un objet de scandale.

C'est ce que mon âme a senti, avec force, dans tout le temps de mes épreuves; c'est ce qui a fait bouillonner, souvent dans mon cœur, des sentiments d'une légitime indignation; c'est ce qui m'a poussé à lutter, à défendre mon droit avec courage, à surmonter les obstacles qui se sont présentés sur mes pas, à attendre, avec confiance, des jours meilleurs. L'or, ayant passé par le creuset, se montre plus pur et plus brillant; et la vertu d'un homme que Dieu, par des dons naturels, a daigné faire grand et particulièrement ferme dans le bien, ne peut que gagner à être ballottée, par le vent de la tribulation.

Voici les conclusions qui me paraissent sortir, par la force des choses, des affirmations par serment, que je viens de faire et que j'ai renouvelées, tant de fois, à mes supérieurs.

Si je n'étais pas sincère, je serais un prêtre douze fois parjure, je serais donc un grand misérable, un prêtre méritant l'opprobre et le mépris universel. Il n'y aurait pas de criminel dans les bagnes, qui méritât, plus que moi, l'exécration des hommes et toutes les foudres de la colère du ciel. Mais si je suis sincère et que je ne me fasse pas illusion, que je sois, par conséquent, dans la conduite de ma vie et dans mes sentiments, tel que me dépeignent toutes ces affirmations faites, en présence du Dieu trois fois saint, je suis un prêtre qui a des droits particuliers à l'estime, à l'honneur et à la confiance. Si je suis sincère, mais que ces sentiments ne soient, chez moi, que de belles illusions, à part ceux sur lesquels il est impossible, à tout homme qui a le simple bon sens de se tromper, par exemple, sur l'article des mœurs, mes convictions sont respectables; je suis un prêtre qui crois avoir des droits à la confiance et à l'estime de tout le monde, qui ai été dans une conviction invincible, que j'étais tout-à-fait fondé à résister, aux désirs de mes supérieurs, voulant me faire quitter Lucq. On peut regretter, même déplorer mes illusions; mais personne n'a le droit de me condamner, ni de prétendre que ma conduite et ma résistance à mes supérieurs, ont été indignes d'un bon prêtre.

Ainsi donc, que je me fasse illusion, ou que je ne me fasse pas illusion, sur les sentiments réels de mon âme et les dispositions de ma volonté, tous ceux qui voudront me juger, avec équité, seront dans l'alternative inévitable de me prendre, pour un véritable scélérat, pour le plus triste des hommes, ou pour un prêtre à qui l'on ne peut pas faire un reproche de n'avoir pas tenu compte des désirs de l'autorité diocésaine.

N'est-ce pas clair ? N'est-ce pas aussi bien logique ! Je prie de vouloir bien faire attention à cette conclusion et de vouloir la retenir, tous mes confrères qui ont été si tranchants, pour condamner mon refus d'obéissance à l'autorité et qui, par suite, se sont crus autorisés à me qualifier si sévèrement.

Il en est qui ont affirmé, avec assurance, que j'étais en révolte contre l'autorité, que mon devoir était d'obéir à mes supérieurs. Je ne sais pas, si, dans le cas où la thèse que j'ai soutenu, en défendant mon droit, aurait été plus sympathique aux curés ; par exemple, s'il avait été question, non pas de consacrer le droit d'un prêtre habitué contre le curé de sa paroisse, mais le droit des curés contre le prêtre habitué, je ne sais pas, dis-je, si un si grand nombre de curés auraient été si ardents à censurer ma conduite. Je m'en suis bien convaincu, dans les épreuves auxquelles j'ai été soumis pendant assez longtemps ; les jugements des hommes, même des bons prêtres se ressentent, trop souvent des passions ou des désirs secrets du cœur. On est fortement porté à condamner, même sans examen, quelqu'un dont on ne voudrait pas voir triompher la cause. Ça été bien mon cas ; et j'ose soutenir hardiment, que c'est un motif sérieux, qui m'a valu bien des mépris, bien des condamnations impitoyables, comme des critiques mordantes et exagérées.

J'ai été en révolte contre l'autorité, j'ai désobéi à mes supérieurs ! Je ferai remarquer qu'ils ne m'ont jamais commandé de sortir de Lucq. Or, il n'y a ni révolte, ni désobéissance, là où il n'y a pas eu de commandement. Y a-t-il révolte et d'obéissance pour un curé, que l'Evêque presse fortement de quitter un poste, sans lui en faire un ordre? Non évidemment. Or, je ferai observer que j'ai autant le droit de garder mon domicile à Lucq, qu'un curé de garder un poste qui lui convient.

Non, mes supérieurs ne m'ont jamais commandé de sortir de Lucq. Ils ont eu, constamment, pour mon droit et ma liberté, un respect que je n'ai pas trouvé chez beaucoup de mes confrères, surtout autour de moi.

Je vais jusqu'à dire que, quand même mes supérieurs m'auraient commandé de sortir de Lucq, je n'aurais pas été tenu d'obéir.

Un curé inamovible ne serait pas obligé de quitter son poste, quand même son évêque le lui commanderait, à moins qu'il n'y eut des fautes graves commises. Je ne suis pas non plus obligé d'abandonner un lieu, où j'ai le droit naturel de résider, quand même mes supérieurs me le commanderaient, vu surtout qu'ils n'ont jamais pu me reprocher aucune faute grave et que moi, au contraire, j'ai pu affirmer, plusieurs fois par serment, qu'il ne peut pas y avoir d'homme ni de prêtre qui ait été moins tenté que moi, dans ma vie, de se rendre coupable de fautes en fait de mœurs.

Il n'y a obligation d'obéir, que là où il y a le droit de commander. Or, la conduite elle-même de l'autorité diocésaine envers moi, prouve qu'on ne pouvait pas me commander de changer de domicile. En effet, vu les circonstances où je me suis trouvé et la volonté bien arrêtée de mes supérieurs d'obtenir ma sortie de Lucq, en exerçant sur moi la pression toute puissante de leur autorité morale et aussi de leur rigueurs bien longues et bien dures, j'affirme, avec assurance, que mes supérieurs, s'ils l'avaient pu en droit, m'auraient fait un ordre de sortir de Lucq.

D'ailleurs, dès le moment que je ne demande aucun secours à mes supérieurs, que je ne veux être ni curé, ni vicaire, comme c'est mon droit et que je désire parcourir une carrière peu lucrative par elle-même, on doit respecter les moyens d'existence que j'ai dans tel lieu que je connais et que je ne pourrais pas trouver, facilement, aussi avantageux dans d'autres endroits; c'est ma conviction intime. La question de l'existence est une question capitale dans la vie, surtout pour des hommes et des prêtres ayant de petites ressources; et il n'est pas permis de porter atteinte à la liberté que chacun a, de se procurer dans tel lieu, plutôt que dans tel autre, de quoi suffire à ses besoins.

J'ai donc le droit de rester à Lucq, si cela est à ma convenance. Si je m'y rends coupable de quelque faute, faisant une tâche à mon honneur sacerdotal, mes supérieurs peuvent me punir, pour montrer aux peuples que l'église condamne les écarts dans ses prêtres, comme dans les simples fidèles et pour ne pas rendre la religion responsable des défaillances de ses ministres. Mais, pour une faute commise, les supérieurs n'acquièrent pas le droit d'exiger d'un prêtre, qu'il quitte un lieu, où ses intérêts le retiennent.

J'ajoute que la peine infligée, par les supérieurs, à un prêtre qui a failli, doit être nécessairement transitoire et il serait souverainement injuste qu'on maintient, indéfiniment, une mesure de sévérité contre quelqu'un, à qui l'on ne peut reprocher qu'un oubli d'un moment. Le châtiment serait hors de proportion avec la faute et le bien de la religion, comme l'édification des fidèles, demande qu'il n'en soit pas ainsi. Il serait donc absurde de supposer que mes supérieurs auraient pu, sans une évidente injustice, m'empêcher, pour toujours, de dire la sainte messe à Lucq.

Voici, d'ailleurs, une autre raison pour le démontrer.

Dès le moment que j'ai et que l'on m'a toujours reconnu le droit de garder mon domicile à Lucq, je puis, si cela me plaît, y rester, 5, 10, 15, 20 ans. Qui voudrait soutenir que mes supérieurs auraient pu, sans abus d'autorité, m'infliger, pendant tout ce temps là, l'obligation très-pénible d'aller célébrer, tous les jours, à une grande distance, alors surtout qu'ils ne peuvent me reprocher aucune faute grave.

Le bon sens et la justice demandent qu'on ne punisse pas, par une peine très-gave, quelqu'un qui n'a pas commis de faute grave. Le bon sens et la justice demandent qu'on ne punisse pas, par une peine permanente, tendant par elle-même à représenter comme un grand coupable, un prêtre à qui l'on ne peut reprocher qu'une imprudence extérieure, dont il a plusieurs fois, réparé très-avantageusement les fâcheux effets. La bonne administration de l'Église exige que les supérieurs cherchent à couvrir et à amoindrir les fautes de ceux qui ont failli, plutôt qu'à en augmenter l'importance, surtout lorsqu'ils les savent innocents, en leur infligeant des peines très-longues, très-graves et très-propres à les déconsidérer dans l'opinion publique. Oui, les supérieurs doivent s'estimer heureux de pouvoir réhabiliter, au plus tôt, un prêtre digne et de prouver ainsi, combien ils sont fiers de trouver une vertu solide et à l'épreuve de tout, là où la malignité de certaines langues voulait supposer de grandes faiblesses.

C'est ici, ce me semble, le lieu d'établir que j'ai naturellement le droit de célébrer, à Lucq où je réside, de préférence à toutes les autres églises voisines, puisque, d'ailleurs, mes supérieurs m'ont toujours reconnu le droit d'y résider.

J'ai le droit et le devoir de célébrer tout les jours, cela est incontestable. Or, il est plus juste que je célèbre, là où je réside, plutôt qu'à une certaine distance. Si le curé de la paroisse que j'habite, pouvait m'empêcher de célébrer, suivant son bon plaisir, à plus forte raison, les curés voisins pourraient en faire autant. Par conséquent, mon existence, mon domicile et ma dignité de prêtre seraient livrés au caprice, disons aussi aux passions trop souvent ombrageuses et jalouses des curés. Cela ne peut pas être. A ma place, les curés voudraient qu'on respectât leur liberté et leur vocation, qu'on leur laissât la faculté de célébrer et de se procurer, ainsi, une ressource importante pour leur existence. La charité leur commande de faire aux autres, ce qu'ils voudraient pour eux-mêmes.

Il ne faut pas dire qu'un curé, étant maître dans son église, a le droit de refuser l'autel à un prêtre habitué, si cela lui convient.

Sans doute, un curé est maître dans son église, mais cela ne l'empêche pas d'avoir à respecter les droits légitimes d'un prêtre habitué. Un riche est bien le maître de la fortune qu'il a acquise, ou qu'il tient de ses pères. Cependant, il est tenu de faire l'aumône, au pauvre qui vient frapper à sa porte. Le prêtre habitué, surtout celui qui a sa principale ressource dans les honoraires des messes, peut bien être comparé, à un pauvre qui demande l'aumône, sans compter que l'église le pousse à réclamer la liberté d'immoler, tous les jours, l'auguste victime du calvaire. Un curé est donc certainement coupable, d'empêcher un prêtre habitué de gagner son pain et de remplir son rôle auguste de sacrificateur.

Ah ! je le sais, beaucoup de curés sont portés naturellement à prendre fait et cause pour le curé de Lucq contre moi ; et c'est ce qui m'explique l'hostilité plus ou moins ouverte, que j'ai aperçue, contre ma personne, dans le grand nombre des prêtres à qui j'ai parlé, pendant mes épreuves. Les curés, en général, s'ils avaient un prêtre habitué dans leur paroisse, désireraient naturellement pouvoir s'en débarrasser, sans aucune peine. Ils seraient bien aise d'avoir le droit de le faire partir de leur paroisse, pourvu que cela leur fut agréable. Voilà certainement le penchant réel, qui se trouve incarné dans le cœur d'un bon nombre de prêtres. Voilà pourquoi, même sans qu'ils s'en doutent, un bon nombre sont portés à supposer, avant tout examen, que tous les torts sont de mon côté et que mon devoir aurait été de sortir de Lucq, par le fait seul que ma présence déplaisait à mon curé.

Mais les prêtres habitués ont aussi le droit d'avoir leur place au soleil. Ils ne doivent pas être traités comme des parias et chassés arbitrairement des lieux, où les curés ne veulent pas qu'ils résident. Car, un prêtre habitué peut être plus respectable que les trois quarts des curés; il est absurde alors qu'un curé qui le possède dans sa paroisse, ait le droit, pourvu que cela lui passe par la tête, de le forcer à partir, comme un pestiféré, sous peine de ne pouvoir pas remplir sa fonction de sacrificateur et d'être privé, pour son existence, de la ressource des honoraires des messes.

Oui, la religion et la charité commandent de respecter davantage les hommes et surtout les prêtres, de respecter leur caractère qui leur donne tant de dignité, de respecter leur liberté, leur vertu et les autres titres de recommandation, qu'ils peuvent avoir. Il n'est pas possible que l'existence, le domicile et même la question de l'avenir dépendent du bon plaisir d'un curé, trop porté naturellement, à ne pas être toujours juste envers un prêtre qui lui fait ombrage, à tort ou à raison. Aussi le droit canon établit qu'un prêtre habitué a le droit de célébrer, dans sa paroisse, même malgré le refus du Curé, pourvu que l'Evêque ne l'en juge pas indigne. Seulement, le Curé peut lui refuser les ornements et les accessoires du culte.

Je tiens à faire comprendre, à tous mes lecteurs, que je n'ai jamais songé à me plaindre des sévérités que mes supérieurs ont jugé à propos d'exercer à mon égard. J'ai affirmé, par serment, que, toutes choses égales, d'ailleurs, pour la plus grande gloire de Dieu, je préférais, pour moi, les humiliations et les revers de tout genre. J'ai eu occasion de constater, pendant le temps de mes épreuves, que j'avais la plus grande facilité pour me réjouir de tout ce que mes malheurs m'apportaient de pénible et de rebutant pour la nature, et que je n'ai jamais eu des efforts sérieux à faire, pour combattre des sentiments opposés. Les sévérités dont j'ai été l'objet ont été bien longues, bien pénibles et j'ai éprouvé des difficultés sérieuses, pour les faire cesser. Cependant, je puis dire, pour justifier l'autorité diocésaine, et je suis très-désireux de le faire, parce que je suis jaloux de conserver et de mériter la bienveillance de mes supérieurs, je dis donc, pour justifier mes supérieurs, qu'on les a induits en erreur sur mon compte et qu'on a porté, contre moi auprès d'eux, les jugements les plus faux, je dirai aussi les plus passionnés. Cependant, je ne me suis jamais aperçu qu'ils aient ajouté foi, aux diverses calomnies dont j'ai été l'objet. Ils ne se sont jamais efforcés de me convaincre d'aucune faute. Ils ont toujours paru croire à la sincérité de mes serments, par conséquent à ma dignité sacerdotale et à mon éloignement de toute bassesse.

Sans doute, cela ne les a pas empêchés de faire peser, sur moi, des sévérités bien grandes. Mais, comme administrateurs du diocèse, mes supérieurs, sans qu'ils m'ait jamais cru coupable, ont pu, dans leur sollicitude pour le bien général, se préoccuper, davantage, de ce qui leur paraissait être le plus grand bien de la paroisse de Lucq, que de mes intérêts, ou de mes motifs de résistance à leurs désirs. Ils ont pu abonder dans le sens de ceux qui leur ont assuré que ma sortie de Lucq, serait très-utile, si elle n'était pas nécessaire. Ils ont pu, en conséquence, me presser, par tous les moyens d'insinuation et même, par des sévérités excessives, à me rendre à leurs désirs et à exaucer les vœux de plusieurs hommes, qui voulaient me faire porter mes pénates ailleurs. Ils ont pu, sans que je puisse leur faire de reproche, m'abandonner le soin et le courage de défendre moi-même mes droits et de prouver, par mon opposition à leurs vues, que je croyais avoir réellement des raisons sérieuses, pour préférer le séjour de Lucq, à d'autres paroisses dans le diocèse.

Mes supérieurs ont pu fort bien, sans être répréhensibles, faire durer, outre mesure, leurs sévérités envers un prêtre, qu'ils jugeaient très-respectable et très-digne, à cause de la persistance avec laquelle on leur a demandé qu'ils ne me laissassent plus célébrer à Lucq. J'ai eu l'honneur d'avoir plusieurs entretiens avec eux; et ils m'ont toujours parlé, avec un respect pour mon droit et ma liberté, que je n'ai pas trouvé, chez un grand nombre de confrères, surtout dans les environs de Lucq. Ils m'ont parlé d'obéissance, ou plutôt de l'esprit d'obéissance, de renoncement à ses idées personnelles, de la défiance qu'on doit avoir pour soi-même; mais ils ne m'ont jamais dit que l'obéissance était un devoir pour moi et que j'étais coupable de ne pas me rendre à leurs désirs.

J'ai le droit de dire ici que, pendant le temps de mes épreuves, M. le Curé de Lucq, homme d'ailleurs très-grave et très-intelligent, s'es laissé prévenir contre moi, d'une manière étrange. Je n'ai pas encore réussi à comprendre comment un homme, de son caractère et de sa valeur, avait pu accueillir, comme autant de choses certaines, les accusations qu'il a cru devoir articuler, devant deux témoins, lorsque j'ai cherché à lui parler, à mon retour d'un voyage à Bayonne. Loin de moi la pensée que M. Larroudé ait agi, avec malice, contre moi et avec le parti-pris de perdre un innocent et un prêtre digne. Mais son exemple prouve, jusqu'à quel point le mensonge, les calomnies et la méchanceté de certaines gens peuvent tromper les meilleurs esprits et égarer les jugements des hommes les mieux intentionnés. Aussi, je comprends, plus que jamais, combien la religion est sage de défendre les mauvaises compagnies, ainsi que la lecture des mauvais livres et des mauvais journaux, parce qu'on y puise les préjugés les plus fâcheux et les passions les plus funestes contre la vérité et contre tout ce qu'il y a de plus respectable au monde. Voltaire avait bien raison, lorsqu'il disait : mentons, mentons, il en restera toujours quelque chose.

Monsieur le curé de Lucq a parlé souvent, je le sais, à plusieurs personnes qui m'étaient hostiles, soit à Lucq, soit dans les environs de Lucq. Quelques-unes de ces personnes, mal disposées contre moi, ou bien elles ont inventé elles-mêmes, ou bien elles ont accepté, avec empressement, peut-être même avec bonheur, les affirmations les plus fausses, même les calomnies les plus monstrueuses. J'ai fait, il est vrai, plusieurs fois des réunions d'hommes; et je sais qu'elles déplaisaient à M. le curé et à beaucoup de ses amis. Cependant, personne ne pourra affirmer, en parlant suivant la vérité, que j'aie jamais rien dit, dans ces réunions, qui fût de nature à porter du tort à la personne et à l'autorité morale du curé de Lucq dans sa paroisse. Je n'ai cherché, auprès des hommes qui répondaient à mon invitation, qu'à faire bien connaître qui j'étais et à relever mon honneur sacerdotal de la flétissure, que m'infligeaient, et les sévérités très-grandes de mes supérieurs, et d'autres désagréments pénibles qui me sont venus, de divers côtés.

J'étais sans doute dans mon droit, d'empêcher, pour l'intérêt de ma dignité personnelle, le fâcheux effet des diverses épreuves que j'ai eu à traverser. Mais les personnes qui m'étaient hostiles et quelques amis de M. le Curé, n'ont pas manqué de dénaturer le sens et la véritable physionomie de ces réunions, ainsi que d'autres efforts que j'ai faits, pour ne pas être trop avili dans mes malheurs. On a mal interprété mes paroles, ou m'a imputé des choses que je n'avais songé, ni à dire, ni à faire.

On comprend, dès lors, que M. le curé de Lucq, tout grave et tout positif qu'il est, cédant d'ailleurs au désir très-grand qu'il a eu de me faire sortir de sa paroisse, se soit laissé ébranler par toutes les calomnies, que mes détracteurs ont été lui porter, avec le désir et l'espoir de lui être agréables. Or, une calomnie une fois acceptée, en fait admettre facilement une seconde, et puis une troisième ; et lorsque l'esprit s'est rempli de préventions, on finit facilement par regarder un digne homme, même un très-bon prêtre, comme chargé de tous les défauts et capable de toutes les bassesses.

C'est ce qui m'est arrivé, et ce que M. le curé m'a dit lui-même, en présence de deux témoins. Cependant, je défie et M. le curé et tous ses amis, quels qu'ils soient, de jamais prouver, par des témoignages véridiques, la moindre des accusations auxquelles le digne et respectable curé de Lucq a eu la faiblesse de croire. Encore une fois, tout ceci prouve combien les calomnies et les mauvaises langues sont à redouter et combien les esprits passionnés sont capables de faire un tort grave, aux personnes d'ailleurs les plus méritantes et de leur faire perdre l'estime des hommes les plus judicieux et les plus justes.

Oh, je ne voudrais pas, que ce que je viens de dire de M. le curé de Lucq, lui fit perdre l'estime et l'affection de ses paroissiens. Non, habitants de Lucq, qui aurez occasion de lire ou bien de connaître ce que je dis dans mon mémoire, vous ne devez pas retirer, à votre curé, la confiance que vous avez eue, en lui, jusqu'à ce jour. M. Larrondé, votre digne pasteur est un homme distingué, un prêtre très-estimable, tout-à-fait rempli de l'amour de son état. C'est un homme qui se fait remarquer, par son bon sens, par la sagesse de ses conseils et par son expérience de l'âge. Vous ne sauriez pas l'apprécier comme il le mérite, si vous ne lui accordiez pas toute votre estime tout votre respect et tout votre amour.

CONCLUSION

Je suis désireux de mettre, dans la plus grande lumière, ce qui peut davantage relever mon honneur sacerdotal, que mes malheurs ont plus ou moins terni. C'est un axiôme reçu, qu'aucun homme ne doit être jugé mauvais, qu'autant qu'on peut le prouver : *nemo supponitur malus nisi probetur*. J'ai affirmé, par serment, que mes supérieurs, à qui l'on a dit, certainement, tout ce qui pouvait les armer contre moi, n'ont jamais pu me reprocher aucune faute dans ma conduite ; par conséquent, personne n'a le droit de supposer que j'ai jamais failli.

Pour qu'on ne doutât pas de mon innocence et de ma vertu, j'ai affirmé par serment, que je n'ai pas été tenté, une seule fois dans ma vie, de m'abandonner à aucune bassesse. Vu ce que la religion nous enseigne sur la corruption générale des hommes et sur les penchants ordinaires du cœur humain, un pareil éloignement du mal ne peut s'expliquer, qu'en admettant un privilége particulier, que Dieu a accordé à ma nature, sans que certes, je l'aie mérité, en aucune façon. Oui, il doit y avoir là un privilége dont je suis redevable à la bonté tout-à-fait gratuite de mon Dieu. Car, je le déclare encore, en sa sainte présence, les occasions ont été nombreuses, pour moi dans ma vie, où j'aurais du sentir, comme le commun des hommes, les faiblesses et les entrainements de la nature corrompue. Il ne suffit pas, pour être à l'abri de la tentation, d'être revêtu du caractère sacerdotal, ni d'avoir contracté des habitudes de vertu dans sa jeunesse, ni d'être dans une résolution inébranlable de demeurer fidèle à Dieu, à ses engagements et à sa conscience.

Cette facilité que j'ai éprouvée, pour me préserver de toute bassesse dans ma conduite, je l'ai eue, à peu près aussi grande 1° pour aimer les humiliations, les revers et pour concevoir un dédain profond pour la louange et l'estime des hommes; 2° pour ne m'arrêter à aucun mouvement de haine, ou de rancune, contre aucun de ceux qui m'ont attiré les terribles épreuves, dont je viens de voir la fin. Voilà encore autant de choses, que j'affirme, comme très-réelles en présence de mon Dieu. En interrogeant toute ma vie, et en rappelant à ma mémoire, les mouvements spontanés de mon âme, j'ai le droit de conclure que Dieu m'a préservé, par des dons naturels, des passions de la haine, de l'orgueil et de l'impureté.

Je ne dis pas ceci, pour m'enorgueillir. Mais, après les efforts si persévérants que l'on a faits pour avilir ma personne et lui imprimer une flétissure indélébile, j'ai le droit de me relever dans ma dignité, de dire hardiment, sans en tirer vanité, ce que Dieu a daigné faire pour moi, alors que rien ne méritait de ma part, une pareille faveur; et de poser un exemple, qui peut-être montrera, à quelques-uns, la nécessité de faire la part des dons de Dieu, dans les jugments des hommes et d'être plus indigent, pour ceux qui à la place d'une grande fermeté naturelle, sentent une inclination très-prononcée, pour le vice et le désordre.

J'ai consulté plusieurs fois Dieu, en face de la croix, avant de hasarder une pareille observation dans mon imprimé; et j'ai fini par conclure, que la vérité ne peut être jamais nuisible aux hommes.

Tous mes lecteurs ont du s'en apercevoir, j'ai eu recours, plusieurs fois, à l'emploi du serment, pour faire croire à la vérité de ce que j'affirme. Je dirai à ceux qui seraient tentés de trouver là un motif de blâme, que le serment a été regardé, dans tous les temps, comme un moyen très légitime de prouver la vérité, pourvu qu'on en use avec discrétion et avec le respect que mérite la majesté souveraine de Dieu. Le serment, par lui-même, est un acte de religion. C'est un hommage rendu à la puissance, à la sainteté, à la justice de Dieu. Les hommes, dans tous les temps, ont senti qu'il y avait une grande force de démonstration, dans l'invocation raisonnable du témoignage divin.

Moi je puis dire, personnellement, que si je n'avais pas pu, plusieurs fois, avoir recours à l'usage du serment, il m'aurait été impossible de me relever de l'avilissement et des jugments défavorables, que les sévérités si grandes de mes supérieurs et plusieurs autres causes ont attirés sur moi. Mais j'ai pu, avec confiance, appeler Dieu au secours de mon innocence et en témoignage de ma vertu; J'ai pu défier, avec courage, toutes les foudres de la vengeance divine, dans le cas où je ne parlerais pas, suivant la vérité; J'ai fait sentir à tous ceux qui m'écoutaient, que la conscience de mon bon droit pouvait, seule, tirer, de mon âme, ces accents convaincus et énergiques, qui accusent la plus grande franchise et un homme fort de sa vertu.

Le faux serment, d'après tous les théologiens, est un grand péché et un prêtre qui aurait l'audace de multiplier les serments, comme je l'ai fait, pour soutenir un mensonge, devrait être regardé comme un misérable, comme un homme sans foi, ni loi, ni conscience, comme un prêtre qui ne croit pas à la religion dont il est le ministre, qui n'a peur, ni de Dieu, ni du démon, ni de l'enfer. Oui, voilà toutes les qualifications qui me conviendraient, si mes nombreux serments étaient des parjures.

Habitants de Lucq, qui me connaissez depuis longtemps et au milieu de qui j'ai vécu, avec le dehors et les œuvres d'un bon prêtre, si vous entendez, quelque fois, des hommes peu religieux douter de ma vertu et de mon innocence, demandez-vous sérieusement, si l'on peut me supposer assez de scélératesse, pour avoir osé affirmer, par serment, jusqu'à douze fois, devant de nombreux témoins, des choses qui mettent ma conduite au-dessus de tout soupçon et qui font de moi un prêtre digne d'une confiance et d'une estime particulières. Non, aucune personne raisonnable ne pourra se faire à l'idée que l'abbé Rachou soit le plus scélérat des hommes, le plus misérable des prêtres. Elle aimera mieux dire, que la fermeté de sa vertu et l'élévation de ses sentiments font honneur à la religion dont il est le ministre.

Lucq-de-Béarn, le vingt Mai 1876.

RACHOU, prêtre.

Pau, Imp. Tonnet.